हमसफ़र एक्सप्रेस

सचिन प्रभाकर

Made with ❤ on the Notion Press Platform
www.notionpress.com

हमसफर एक्स्प्रेस

अध्याय – 1

इस किताब का नाम हमसफ़र एक्स्प्रेस क्यू है ..

वो ईसलिए क्यू, की ये पूरी कहानी एक ट्रैन मे बीती हुई है,तो सोचा क्यू ना इसका नाम हमसफ़र एक्स्प्रेस ही रखा जाए,थोड़ा माफ कीजिए गा वो हम अपना परिचय देना भूल गये.. तेरे अलावा किसी और ने ऐसा

मेरा नाम जय प्रकाश झा है, मै एक बनारस हिन्दू यूनिवर्सिटी का छात्र हु,पिछले तीन साल से वही हु, मेरे ममी पापा दिल्ली मे रेहते है..

और मै बनारस वो क्या है की अभी कॉलेज मे होली की छूटी चल रही थी,तो सोच क्यू ना इस साल की होली,घर पे मनाई जाई,वेसे भी बहुत दिन हो गये घर गए हुवे॥

पर ये सोचने मे मुझे सात दिन लग गये, जाऊ या ना जाऊ फिर देखा की हॉस्टल के सभी दोस्त जा रहे है..

फिर क्या था.

मै भी अपना टिकट लिया और निकल गया स्टेशन के लिए ।

1 मार्च 2013

वहाँ जाके पता चला की ट्रेन तीस मिनट लेट,और वेसे भी अपने यहाँ ये सब नॉर्मल है, फिर मे सोचा॥

क्यू. ना तब तक चाय पी ली जाई,

मै वहाँ चाय की दुकान ढूँढने लगा,मुझे थोड़ी दूर पे,एक चाय की दुकान दिखी वहाँ गया तो देखा.

एक बूढ़ी दादी चाय की दुकान पे थी,

उनकी उम्र लग भग सतर के आस पास होगी,मैंने दादी दे कहा ॥

मै - दादी चाय होगी क्या ?

दादी – हा बेटा...

वो थोड़ा कापते हुवे,उठी और चाय बनाने लगी, मै भी वहाँ पास रखे पथर पे पैठ गया और सिगरेट निकाल कर पीने लगा तभी दादी बोली.

दादी – ये लो बेटा हो गई ..

फिर मै उठ कर चाय लेने गया,जब वो चाय दे रही थी, तो उनकी कपकपाती हाथों को देख कर,मै थम सा गया..

और सोचने लगा की,ज़िंदगी कितनी तकलीफ देने लग जाती है, जब आप की उम्र खत्म होने लगती है.

फिर मै उनके हाथों से चाय लिया,एक सीप ली तभी ट्रेन की हॉर्न की आवाज आई फिर मे अपने जेब से एक सौ रुपये निकाल कर दिया उनको फिर मै अपना बैग लेकर स्टेशन के तरफ भागा..

दादी पीछे से आवाज़ लगाई लेकिन मै इतनी जल्दी मे था,की उनसे कुछ बोल नहीं पाया,सोचा आगली बार आऊँगा तो ढेर सारी बाते करूंगा ..

जब मै स्टेशन के अंदर गया तो देखा ट्रेन अभी स्टेशन पे आ ही रही थी..

सभी लोग चढ़ने की तैयारी मे थे, भीड़ थोड़ी ज्यादा थी, मै भी थोड़ा साइड होते होते ,

अपने डिबे तक पहुंचा और अपनी सीट ढूंढ कर बैठ गया,मै जब भी घर जाता हु तो मै अक्सर खिड़की वाली सीट लेता हु...

मुझे काफी अच्छा लगता है,वहाँ बैठ कर सफर करना।

जब मै अपने बैग को सेट कर के बैठा तो,मुझे फिर से उस दादी का खयाल आया, और खयाल कुछ ऐसा था, की क्या ?

दादी के घर मे कोई काम करने वाला नहीं है जो इनको इस उम्र मे भी काम करना पर रहा है,

वेसे काम करना तो अच्छी बात है, लेकिन हर चीज की एक उम्र होती है...

खैर कोई बात नहीं...

उत्तर प्रदेश से दिल्ली जाने मे इस ट्रेन को लगेगी कम से कम नो से दस घंटे तब तक करू तो करू क्या?

और क्या कर सकते है, ये हम आप सब से पूछ नहीं रहे है।

बताना चाह रहे है .

मेरा क्या है की जब भी मे सफर पे निकलता हु, तो कुछ अच्छी फिल्मे डाउनलोड कर लेता हु,और उसे देखते देखते सफर का आनंद लेता हु...

फिल्मे देखते हुवे कुछ खाते हुवे इन्जॉय करते हुवे,सफर की शुरुवात हो गई, और ट्रैन भी अपने समय के आनुसार स्टेशन से निकल गई,कुछ देर युही फिल्म देखते देखते नींद सी आने लागि,तभी पीछे की सीट से आवाज़ आई जब मै अपने सीट से उतर कर देखा तो..

दो लड़के जो बिना टिकट के ट्रैन मे चढ़े थे,उनको टीटी साहब डाट रहे थे।

ये कोई बड़ी बात नहीं थी ,ये सब सफर के दौरान होती रेहती है ...

अब नेक्स्ट स्टेशन आ चुकी थी, और टीटी साहब दोनों को ट्रेन से उतार दीये,मै भी थोड़ा नीचे उतर कर कुछ खाने का समान लिया और फिर से अंदर आ गया...

जब मै अंदर आया तो देखा,एक अंकल और आंटी मेरी सीट पर बैठी है

मै उन दोनों से कुछ बोल नहीं पाया,सोच क्या बोलू कुछ देर मे दोनों अपनी सीट पे चले ही जाएंगे, फिर मे गेट पे चला गया और गाना सुने लगा,तभी पीछे से किसी ने मेरे पीठ पर हाथ, मारा पीछे देखा तो वही

टीटी साहब थे.

टीटी – चलो टिकट दिखाओ

फिर मे उनको अपना टिकट दिखाया,फिर वो चले गये,

फिर क्या था,

सिगरेट मेरे जेब मे थी,उसे जलाया और पीना शुरू कर दिया...

और मन ही मन गाना गुनगुनाने लगा.

वेसे सिगरेट पिना तो ट्रैन मे अलाउ नहीं है,लेकिन क्या करे आदत है,जल्दी कैसे छूटेगी खेर छोरते है इन सब बातों को, और हाँ आप लोग ये गलती मत करना...

सिगरेट पीने के बाद मै अपने सीट पे चला गया, वहाँ देखा वो दोनों बगल वाले सीट पे अपना समान सेट कर रहे थे.

जब मै अपने सीट पे जाकर बैठ गया, तो कुछ देर बाद अंकल ने मेरे से मेरा नाम पुछा .

अंकल – बेटा तुम्हारा नाम क्या है।

मै थोड़ा हिचकिचाया क्यू की कोई अनजान लोग जब मेरे से कुछ भी पूछते है, तो थोड़ा घबरा जाता हु ,फिर भी मैंने बताया उनको .

मेरा नाम जय प्रकाश झा है.

फिर अंकल मुस्कुराने लगे ,

मुझे कुछ समझ नहीं आया,फिर मै अपना फोन चेक करने लगा,कुछ देर बाद फिर से अंकल ने मेरे से पुछा

अंकल - बेटा तुमने सिगरेट पी..

मै ये सुनके थोड़ा हैरान हो गया,फिर मै सोचने लगा क्या बोलू उनको सच तो बोल नहीं सकता.

मै - नहीं अंकल मै सिगरेट नहीं पिता...

ये सुनके अंकल हसने लगे और मेरे दिमाग मे ये चलने लगा की क्या?

सोच कर उन्होंने मेरे से ये सवाल पुछा ...

फिर मै कंबल डाल कर सोने लगा ट्रैन मे कुछ तीन या चार घंटे हो गयेहोंगे.. मै सोने की कोशिश करने लगा पर नींद नहीं आ रही थी ..

फिर से मै उठ कर बैठ गया,और अपना लैपटॉप निकल कर कुछ लिखने लगा,और खिड़की से बाहर निहारने लगा,बाहर का मौसम देख कर बहुत अच्छी फीलिंगस आ रही थी.

और वेसे भी मार्च का महिना थोड़ा आजीब होता है,ठंड भी नहीं होती और नहीं गर्मी कुछ बीच सा होता है ..

पर कुछ भी हो अच्छा लगता है

फिर से मै कुछ लिखने लगा और वो अंकल बार बार मुझे ही देखे जा रहे थे,मुझे थोड़ा अजीब लगा तो मै सीट से उठा और अपना फोन ढूँढने लगा. फिर फोन पे कॉल आया,तो पता चला की phone तो जेब मे है.फिर phone निकाला निकालते टाइम मेरे जेब से सिगरेट की डीबी नीचे गिर गई. और उनकी नज़र उस पर परगई फिर क्या था।

मै जल्दी जल्दी डीबी उठा कर जेब मे रखा और बाथरूम की तरफ चला गया..

चेहरे पे पानी मारा और कुछ देर वही रुका रहा.फिर अपने सीट के तरफ चला गया..

कुछ देर बाद ट्रेन अब शायद कानपुर पहुचने वाली थी.तो सोचा तब तक लेट जाता हु.फिर कानपुर स्टेशन पे खाना ले लूँगा, खाना खा कर फिर से सो जाऊंगा लेकिन ऐसा होना नहीं था, कानपुर पहुचने से पहले ट्रेन दो घंटे तक एक सुनसान जगह पे रुकी रही.अब ये तो मालूम नहीं ऐसा क्यू हुआ..

लेकिन अब रात भी हो गई थी.मेरे पास कुछ स्नैक्स रखा था..

तो सोचा अब यही खाकर सो जाता हु..

ट्रेन मे कुछ अपना खाना लेकर आए थे.वो सभी लोग खाना शुरू कर दिये और करे भी तो क्या।

जब मे सोने लगा तभी अंकल ने फिर से आवाज लगाई जय ..

मै बोल

हा अंकल

अंकल – तुमने खाना खाया..

मै साला फिर से सोच मे पर गया क्या बोलू ..

मै - नहीं अंकल भूख नहीं है..

फिर उन्होंने बोल

अंकल – आरे ऐसे कैसे भूख नहीं है.चलो उठो और ये पराठे खाओ

ये सुनकर मेरी माँ की बाते याद आगई यही की बेटा ट्रैन मे कोई कुछ खाने को दे तो खाना मत ..

फिर मै ने हिमत करके अंकल से बोल

अंकल आप खाओ मुझे बिल्कुल भूख नहीं है।

अंकल – आरे बेटा रात को खाना खाकर सोना चाहिये..

ये सुनके मुझे लगा यार ये अंकल बहुत आजीब है.जब मै मना कर रहा हु. फिर क्यू बार बार बोल रहे है..

तभी फिर से आंटी भी बोल पड़ी

आंटी – खालों बेटा

फिर मै सोच यार अब खा ही लेता हु.फिर मैने एक पराठे लिए और खा लिये फिर पानी पीकर कान मे ईर्फोन लगा कर सो गया॥

और सोते सोते मै ये सोचने लगा की साला इतना टाइम हो गया. लेकिन ट्रैन तो खुलने का नाम ही नहीं ले रहा है..

फिर सोचा छोड़ो सोने पे फोकस करता हु..

गाना सुनते सुनते मेरी आखे कब लग गई पता भी नहीं चला.और मै एक गेहरी नींद मे जा चुका था..

<u>2 मार्च 2013</u>

<u>रात के कुछ बारह बज रहे होंगे तभी मुझे कुछ मेहसूस हुआ की मेरे पैर के पास कोई बैठा हुआ है,जब मैंने उठ कर देखा तो एक मासुम सी लड़की जो मेरे पैर के पास आ बैठी थी,मै देख के थोड़ा नर्भास हुआ फिर सोचा,ये ऐसे क्यू बैठी है,</u>

<u>फिर सोचा शायद इसकी टिकट कनफॉर्म नहीं हुई होगी,लेकिन उसे देख कर मुझे ठेहर जाने को दिल हुआ,ठेहर जाने का मतलब की उससे देखता रहा हु,और ट्रेन ऐसे ही बस चली रहे, और कभी रुके ही नहीं,मुझे आज भी अच्छे से याद है,उसकी होंठों की चमक और होंठ के नीचे एक तिल,उफ़ क्या खूबसूरती थी,पर मुझे अच्छा नहीं लग रहा था,की ऐसे वो बैठी रहे और मेरे अंदर हिम्मत नहीं थी.</u>

<u>की मै उससे बात कर सकु॥</u>

<u>जब मे उठ कर बैठ गया,तो वो मेरी ओर देखि कुछ अजीब तरीके से मै कुछ समझ नहीं पाया,की ये क्या था..</u>

<u>फिर कुछ देर बाद एक औरत आई उसके पास और बोली</u>

<u>चलो बेटा खाना खालों,</u>

<u>और उसका जवाब था</u>

<u>हा मम्मी आती हु..</u>

<u>इतना तो पता चल गया की साथ मे पूरी टोली है, मतलब पूरी फॅमिली है..</u>

और अब मैंने ये कन्फॉर्म कर लिया था,की अगर मैंने कुछ बात करने की कोशिश भी की ,

तो पीट जाऊंगा,वेसे भी लड़कियों के मामले मे मेरी आनुभब बाहूत खराब रही है..

फिर सोचा छोड़ो सोने पे फोकस करते है,पर यार दिल मान नहीं रहा था,की इस पल को ऐसे ही जाने दु,लेकिन फिर सोचा अब सो जाता हु,फिर क्या था चादर डाल कर सो गया,पर साली अब नींद नहीं आ रही थी,और मै ट्रेन की आवाज सुनने की कोशिश कर रहा था,क्यू की मुझे वो बचपन की याद दिलाती है..

कुछ देर उहि चादर के आंदर आखे खुली रही,तभी मुझे एहसास हुआ की कोई फिर से आ बैठा है.

उठ के देखा तो वही लड़की थी,अब तो सो भी नहीं सकते फिर मे अपना फोन निकाल कर निहारने लगा कुछ देर बाद उसने मेरे से पूछा..

आप कहाँ से आ रहे हो..

और मेरा जवाब था

मै - हा जी

आप कहाँ से आ रहे हो..

मै - जी मै तो बनारस से आ रहा हु..

रात के एक या दो बज रहे होंगे पूरी ट्रेन मे सभी लोग सो रहे थे, बस जगे थे,तो हम दोनों..

फिर से उसने मेरे से पूछा

आप करते क्या हो..

फिर से मेरा जवाब कुछ यू था ..

मै - जी मै बनारस हिन्दू यूनिवर्सिटी का छात्र हु..

मै अब भी उससे बात करने मे खबरा रहा था. ऐसा नहीं था की लड़की है इसलिये.वो इसलिये क्यू की उसकी फॅमिली साथ मे थी..

पर एक बात तो मुझे समझ आ गई थी.और बात ये थी.

की लड़की जब आप को लेकर अच्छा फ़ील करती तो आप से बात करना पसंद करती है..

फिर क्या था जी, बाते शुरू हुई और खत्म होने का नाम नहीं ले रही थी,और मुझे भी अच्छा लग रहा था,वो मेरी फॅमिली के बारे मे पूछ रही है,और मै उसके,कुछ इधर की तो कुछ उधर जब मैंने उससे पूछा कहाँ से आ रही हो,और कहाँ को जा रही हो,ये मेने बिल्कुल ऐसे ही पूछा फिर उसने हसके जवाब दिया..

और जवाब कुछ ऐसा था.

नानी घर से आ रही हु,और अब खुद के घर जा रही हु

ये सुनके हम दोनों हंस परे..

फिर कुछ देर ऐसे ही हम दोनों खामोश रहे तभी पास ,मे पैठे अंकल उठ गये,मुझे ऐसा लगा काही हमारी हसी से इनकी नींद तो नहीं खुल गई..

पर ऐसा नहीं था, वो उठ के चुप चाप बाथरूम गये ,और फिर आके सो गये..

मेरी ज़िंदगी का ये सबसे हसीन पल था,

और मुझे नहीं लगता ये पल कभी खुद को

दोहराये गी ॥

ऐसा मै इस लिए बोल रहा हु,क्यू की यार बहुत कम टाइम मे हम दोनों ऐसी बाते करने लगे थे, जैसे की मानो सालों से एक दूसरे को जानते हो,सालों पुरानी हमारी दोस्ती है..

पर ऐसा कुछ नहीं था,हमारी बाते और मुलाकते बस चंद घाटों के लिये थी,ये बाते जब मेरे दिमाग मे आई तब मै थोड़ा सा सेहम सा गया,डर सा गया,घबरा सा गया.

और फिर मै उसे निहारने लगा,उसको खुद के अंदर बसाने लगा ऐसा क्यू हो रहा था,नहीं पता बस हो रहा था..

जब वो मेरी सीट पे बैठी थी,तब एक अजनबी बन के बैठी थी,लेकिन अब अपना सा लगने लगा था,फिर वो कुछ देर बाद बोल पारी

गेट पे चले क्या?

मैंने पूछा क्यू

फिर वो बहुत प्यार से बोली.

कुछ नहीं बस ऐसे ही..

मुझे इतना तो समझ आ गया था , अब तक ये थोड़ी चुलबुली है ,चुलबुली का मतलब तो आप सब जानते है ,

शायद बताने की जरूरत नहीं है..

मै उससे मना नहीं कर पाया,फिर हम दोनों ट्रेन के गेट पे चले गये,वहाँ गया तो मन किया एक सिगरेट पिलु फिर खयाल आया रेहने देता हु,पता नहीं क्या सोचेंगी..

ये सोच ही रहा था,तभी फिर से बोल परा और बताओ..

क्या बताऊ..

बताने को तो बहुत कुछ थे,मेरे पास लेकिन मै ये जानना चाह रहा था,वो क्या जानना चाह रही है,

कुछ भी..

फिर मै उससे बोल परा यार एक बात बहुत आजीब है ना.

क्या ?

हम दोनों एक दूसरे से इतनी देर से बाते कर रहे है,मस्ती कर रहे है,लेकिन किसी को एक दूसरे का नाम तक नहीं पता,और हम दोनों ने जानने की कोशिश भी नहीं की..

फिर वो हसने लागि और बोली यार नाम

बस एक जरिया है, एक दूसरे को बुलाने का

और कुछ नहीं।

ये सुनके मुझे थोड़ा अजीब लगा, फिर सोचा चलो ये भी ठीक है,शायद उसे नहीं बताना होगा..

फिर उसने बोला प्रिया..

आप का नाम है

हा जी..

अच्छा नाम है,फिर हम दोनों वही खड़े रहे,कुछ देर और ट्रैन अपने समय के अनुसार चलती रही है,,

कुछ देर बाद एक छोटी सी स्टेशन आई वहाँ ट्रैन रुकी,जब गेट से देखा तो पूरी स्टेशन खाली थी, प्रिया मुझ से बोली चलो नीचे उतरते है।

फिर हम दोनों नीचे उतरे और स्टेशन पे घूमने लगे,ट्रैन को रुके अब पाच मिनट हो गये होंगे,मुझे लगने लगा शायद कोई ट्रेन आ रही होगी इसलिये रुकी है..

प्रिया – चलो वहाँ बेंच पे बैठते है.

फिर हम दोनों वहाँ बैठ गये,और स्टेशन को देखने लगे फिर वो मेरे से पूछी

प्रिया – ये वाली स्टेशन इतनी खाली खाली सी क्यू है..

रात के तीन बज रहे है,और ये स्टेशन नहीं हौलट है,शायद इसलिये कोई नहीं है

प्रिया – हा, हो सकता है लेकिन अच्छा लग रहा है.

मै भी मुंडी हिलते हुवे बोल,हा अच्छा तो लग रहा है

फिर ट्रेन की हॉर्न बाजी,और हम दोनों भाग के ट्रेन मे चढ़े और ट्रेन मे चढ़ते ही ट्रेन खुल गई..

फिर हम दोनों एक दूसरे को देख कर खूब हसने लगे,पता नहीं क्यू पर बस हसे जा रहे थे.

अब शायद हम दोनों को नींद आने लागि थी,पर सो कोई एक ही सकते है,मुझे बस लगा था,ऐसा पर वो मेरे से पूछ पारी।

प्रिया – तुम्हें नींद आ रही है

मैंने बोला जी नहीं,आप को आ रही है क्या?

प्रिया – जी नहीं.

मुझे लग गया था,ये झुट बोल रही है नींद तो उसे भी आ रही है,और मुझे भी,पर सिचूऐशन ऐसी थी,की हम दोनों बोल नहीं पा रहे थे।

फिर मे बोला..

मुझे रात को नींद नहीं आती है..

प्रिया – क्यू, तुम उल्लू हो क्या?

नहीं..

प्रिया – मुझे लगा क्यू की,उल्लू रात को नहीं सोते..

मुझे जोर से हसी आई और मै हसने लगा,और हस्ते हुवे बोला

वो कॉलेज के स्टार्टिंग से ही आदत है।

प्रिया – क्या,रात को जागने की।

हा..

मै तो सिर्फ ये बाते उसको सुलाने को केह रहा था ,और उसे नींद तो मुझे भी लागि थी,लेकिन करे भी तो क्या सीट तो एक ही थी।

प्रिया – चलो हम दोनों एक काम करते है.

मैंने पूछा क्या ?

प्रिया – कभी बैठे बैठे सोये हो..

मै बोल नहीं

प्रिया – चलो आज वही करते है॥

फिर हम दोनों सीट के तरफ जाने लगे और वहाँ जाकर बैठ गये,और बैठे बैठे सोने की कोशिश करने लगे,खेर मुझे तो नींद नहीं आ रही थी,लेकिन उसे आ गई,फिर मेरे दिमाग मे कुछ बाते चलने लागि और बाते कुछ अटपटी सी थी,चलो आप लोगों को बाता ही देता हु,बाते कुछ यू थी की मुझे ऐसा लगने लगा था,की काही ये लड़की सीट के लिये मेरे से इतना बात तो नहीं कर थी,क्या करू हु भी दिल्ली का ना ये सब खायाल आते रहते है ॥

फिर मै खुद को समझाते हुवे खुद से कहने लगा

और बैठे बैठे खुद से ही बाते करने लगा

भाई तुझे इसकी मासूमियत को देख कर लग रहा है..

की वो ऐसा कुछ कर सकती है..

खुद को तो मैंने मना लिया लेकिन साल दिल नहीं मान रहा था.

फिर वो अपना पैर फैलने की कोशिश की,अक्सर लोग जब सोते है,तो थोड़ा कम्फर्ट होना चाहते है,तो मै भी थोड़ा और सीट से साइड हो गया..

लेकिन जब उसका पैर मेरे शरीर को छुवा तो उसकी नींद खुल गई,और मुझे सॉरी सॉरी बोलने लागि और उठ कर बैठ गई,मेरे पानी के बोतल से पानी पी और मुझ से बोल पारी ..

प्रिया – आप सो जाओ मै मम्मी के पास जाकर सो जाती हु..

ये सुनके मै कुछ बोल तो नहीं पाया,क्यू की दिमाग मे पेहले से कुछ चल रहा था।।

लेकिन दिल अब मान बैठा था,की तू जो सोच रहा है,वो गलत है,फिर मै घड़ी मे टाइम देखा तो अब सुबह के चार बजने को आए थे,और अब मेरी नींद भी मुझे बर्दाश्त नहीं नो रही थी..

मै भी अपना चादर डाल कर मस्त सो गया..

और जब मेरी नींद खुली तो ट्रेन मे देखा कोई ब्रश कर रहा है,कोई चाय पी रहा है,तो कोई फोन से बात करने मे लगे है॥

डिब्बे मे सबसे लेट मै ही उठा था,फिर मे प्रिया के सीट के तरफ देखा

देखा तो मन थोड़ा हदास हो गया और सीट खाली देख सोचा शायद पिछले स्टेशन पे उतर गई होगी..

अपने टूटे हुवे दिल और उदास मन के साथ ट्रेन के गेट पे चला गया और ट्रेन भी रुक गई,क्यू की अब अलीगढ़ आ चुका था, मै स्टेशन पे जाके चाय पी , और मेरी नाज़रे बस आते जाते लोगों को निहार रही थी, और हर किसी मे मै उसको,देखने की और ढूँढने की कोशिश कर रहा था,तभी मे देखा की प्रिया दूसरे डब्बे से उतार रही है..

यार सच काहू तो ज़िंदगी मे ऐसे मौके बहुत कम मिलते है

की आप आचनक से बहुत खुश हो गये हो।

लेकिन चलो अच्छा है॥

फिर मे ट्रेन मे चढ़ गये गया,क्यू की ट्रेन खुलने का समय हो चुका था,चाय तो अभी भी मेरे हाथों मे थी,तभी प्रिया मेरे सीट पे आ बैठी और बोली कैसी आई नींद॥

बहुत प्यारी

प्रिया – और क्या पी रहे हो॥

कुछ नहीं बस सुबह की चाय

प्रिया – मुझे भी दो

फिर वो मेरे हाथ से चाय लेकर खुद पीने लागि,और मै उसे देखने लगा,और सोचने लगा जब भी मे इसे समझने की कोशिश करता हु,तब तब ये मेरे से आगे निकाल जाती है॥

फिर मैंने उससे बोला

मुझे लगा तुम चली गई..

प्रिया – अभी कहाँ अभी तो अलीगढ़ है,मै तो गाज़ियाबाद मे उतरूँगी..

ये सुनते ही मेरी फट गई लेकिन आवाज नहीं आई,और मे सोचने लगा,गाजियाबाद तो एक स्टेशन बाद है..

प्रिया – ज्यादा सोचो मत

मै – क्या ?

प्रिया – वही जो तुम सोच रहे हो॥

फिर मे चुप हो गया तभी बगल मे जो अंकल बैठे थे,जो मेरा साथ छोरने का नाम ही नहीं ले रहे थे,अब उनकी बारी आ चुकी थी बोलने की,और बेचारे कितना चुप रेहते वो भी सोचे होंगे,मै भी कुछ बोल ही लेता हु॥

अंकल – और जय सफर कैसा रहा..

मै – अंकल लेकिन सफर तो अभी चल ही रही है,खत्म हो जाये फिर बताता हु..

ये सुन कर प्रिया हसने लागि और बाकी लोग भी जो आस पास मे बैठे थे।

फिर मे अपना फोन निकाल कर इंस्टा देखने लगा,फिर प्रिया उठ कर अपने मम्मी के पास गई,मै उससे तिरछी निगाहों से देखता रहा,,

मै देखा की मम्मी के पास गई और दो सेब निकाली और फिर से मेरे सीट के तरफ आने लागि,जब वो मेरे पास आई तो एक सेब मुझे दी,और मैंने लेने से मना कर दिया ।

प्रिया – क्यू इसपे कोई जेहर लागि है क्या?

मै – पूछ रही हो या फिर बता रही हो ..

प्रिया – मै तो मज़ाक कर रही हु..

अंकल – खालों बेटा सुबह फल खानी चाहिये शरीर के लिए अच्छा होता है..

मै अपने आप को चुप ही रखने की कोशिश की,क्यू की आब कुछ नहीं बोलूँगा ॥

और प्रिया के हाथ से अंकल को देखते हुवे सेब खाने लगा,और प्रिया से पूछा आप ने तो मेरे बारे मे सब पूछ लिया

क्या ?मै अब आप से कुछ पूछ सकता हु॥

प्रिया – तुम खुद ही नहीं पूछ रहे..

मै – आप क्या करती हो।

प्रिया – बिटेक्क के थर्ड ईयर मे हु..

और शायद मेरे पास कुछ भी पूछने को नहीं थे,इसलिये चुप ही रेह गया, क्यू की प्रिया की मम्मी मेरे तरफ देख रही थी।

और बस मुझे ही देखे जा रही थी।

वो मुझको ऐसे देख रही थी,जैसे की मैंने कोई गुनाह किया है,सच बताऊ तो दो मिनट के लिए मै खुद सोच मे पर गया,की काही मुझ से कोई गलती तो नहीं हो गई,होता है जब आप किसी लड़की के साथ बैठे हो और उनकी मम्मी आप को थोड़े अजीब तरीके से देखे,सच काहू तो बॉस मेरी हालात और हालात दोनों एक साथ खराब हो गई,लेकिन मैंने

हिम्मत करके उनकी आखों मे देखने की कोशिश की वो मुझे ही देख रही है,या फिर कुछ और,कुछ देर उनको नोटिस करने के बाद ये समझ मे आ गई थी,की वो मुझे नहीं खिड़की से बाहर निहार रही है॥

आप लोग हसना मत अक्सर ऐसा होते रेहता है,

आप सब के साथ भी कभी ना कभी ऐसा हुआ होगा,की लोग देख कुछ और रहे,

होते है।

और हमे ऐसा लगता है,की वो मुझे देख रहे इस मूवमेंट को समझने के बाद,खुद मे हास परा ।

तभी प्रिया मुझ से बोल पारी ..

प्रिया – तुम क्यू हसे।

मै – कुछ नहीं बस ऐसे ही..

प्रिया – ऐसे ही कोई हसता है क्या ?

मै – ये आप पूछ रही हो या,फिर बता रही हो।

फिर वो भी हसने लगी,और मै भी,उसी वक्त चाय चाय करता हुआ एक आदमी जा रहा था॥

मै – भईया एक चाय देना..

ये बोलते ही प्रिया और हम एक दूसरे को देखने लगे,पता नहीं क्यू,बस देख रहे थे,फिर मै चाय वाले भईया से बोल परा.

मै – भईया एक नहीं दो दे दो..

फिर क्या हम दोनों मजे मे चाय पीने लगे ,पर शायद ये पता नहीं था,की ये सफर और हमारा साथ अब खत्म होने को आई है,क्यू की मै प्रिया की मम्मी को समान ठीक करते हुवे देखा,अक्सर लोग ये तब करते है,जब उनका सफर खत्म होने को हो आती है।

और मुझे अब लगने लगा था,की शायद अब ये नेक्स्ट स्टेशन पे उतर जाएंगी,ईसमे अच्छी बात ये थी,की दिल्ली भी अब दूर नहीं थी।

लेकिन प्रिया अब उतरने वाली है,ये सोच कर शायद अब दूर लगने लागि थी,मै एक बार को सोचा की कुछ कान्टैक्ट के लिए मांग लेता हु,लेकिन शायद हिम्मत नहीं हो रही थी,हिम्मत करे भी तो कैसे हम लॉनडे ओवर थिंक करने वाले जो होते है॥

क्या सोचेगी,अगर मना कर दी तो,गुस्सा हो गई तो,यार इतना नहीं सोचते जो अच्छे लगे उनसे टच मे रेहना चाहिए,लेकिन नहीं दिल के बीच मे दिमाग जो आ जाता है॥

और जब दिमाग अपना काम करता है,तो फिर दिल की कहाँ चलने वाली है..

ट्रेन अब रुकने को होने वाली थी,और हमारी चाय भी खत्म होने को आ गई थी..

प्रिया – अच्छा तुम इंस्टाग्राम चलाते हो..

ये सुनके तो मै कुछ बोल ही नहीं पा रहा था,लड़की सामने से इंस्टा के लिये पूछ रही है..

मै खुद को संभालते हुवे..

मै – हा

प्रिया – क्या नाम से है॥

वेसे मै तो चाह ही रहा था,की कुछ कान्टैक्ट मेरे से ले,मेरे मे तो हिम्मत नहीं थी की,मै सामने से मांगु तो शायद ऊपर वाले ने उस से ही पुछवा लिया..

क्या बात है,धन्यवाद भगवान जी

प्रिया – बताओ

मै – क्या?

वो क्या है की मै थोड़ा ख्यालों मे जल्दी चला जाता हु,उस चाकर मे मै प्रेजेंट टाइम को भूल जाता हु,या फिर लोगों की काही बाते,वो भी भूल जाता हु..

फिर वो गुस्से मे बोली॥

प्रिया – यार आप को हर बात दो बार पुछनी परती है..

मेरे पास इसका कोई जवाब नहीं था,जवाब था तो सिर्फ एक

मै – सॉरी

जी आप ने सही सुना और समझा,अक्सर जब भी मुझे ऐसा लगता है,की मामला मेरे समझ से बाहर जा रहा है,तो अक्सर मै सॉरी बोल कर उसे ठीक करने की कोशिश करता हु,लेकिन अच्छी बात ये है,की चीजे

ठीक हो जाती है..

प्रिया – चलो कोई नहीं,मुझे आप का नंबर चाहिये॥

मै बिना समय गवाये हुवे,झट से अपना नंबर उसे दे दिया,और उसने पट से उस नंबर को सेव कर लिया,और मै खुश हो गया,लेकिन ये अंकल तो साथ छोरने का नाम ही नहीं ले रहे थे..

जब मुझे नंबर देते हुवे देखे,, तो बहुत प्यार से स्माइल की और अपने फोन मे लग गये॥

फिर मे सोचने लगता था,ये क्या था,जब भी वो कुछ करते थे,तो मुझे सोच मे डाल जाते है

लगता है अंकल अपने टाइम पे बहुत अच्छे और सच्चे आशिक रेह चुके है,

गुरु मै सोचा चलो इन से कुछ पूछता हु..

मै – अंकल आप ने कभी प्यार किया है..

अंकल – बहुत बार

मै – लेकिन अंकल प्यार तो सिर्फ एक ही बार हो सकता है,ऐसा मेरा मानना है।

अंकल – बेटा वो तुम्हारा मानना है,मेरा नहीं..

मै – तो फिर आप का क्या मानना है,इस बारे मे जरा हमे भी बताइये..

अंकल – देखो बेटे मेरा कुछ यू मानना है,की प्यार हर वो खूबशूरत लड़की से हो जाती है,जो तुम्हें पहली बार देख कर अच्छी लग जाती है..

ये सुनके आंटी उठ गई और बोली..

आंटी – बेटा इनके बातों पे ज्यादा ध्यान मत देना,ये ऐसे ही मज़ाक करते रेहते है..

फिर अंकल हास पड़े..

मेरे पास पूछने को तो बहुत कुछ थे,लेकिन मुझे लगा यही पूछना चाहिए तो बस यही पूछा,और मै खामोश हो गया,पर शायद मेरी खामोशी प्रिया को पसंद नहीं,वो चाहती है की मै हमेशा उस से बाते करते राहू,चलो ये भी अच्छा है..

प्रिया – अच्छा आप फिर रिटर्न कब आएंगे घर से.

मै – अभी तो शायद पता नहीं,लेकिन होली के बाद ही

प्रिया – ओ, मुझे लगा लोग होली की छूटी मनाने घर जाते है,तो होली से पेहले भी आ जाते है..

मै – नहीं नहीं मतलब होली बाद ही आऊँगा,लेकिन अभी कन्फर्म नहीं है..

ट्रेन को गाज़ियाबाद पाहुचने मे कुछ चालीस मिनट और लगने वाले थे,लेकिन उस से पेहले ट्रेन एक छोटी सी स्टेशन पे आ रुकी,समय कुछ दो बज रहे होंगे,थोड़ी तेज धूप थी,लेकिन हवा बहुत तेज चल रही थी,तभी अंकल आंटी से बोल पड़े..

अंकल – चलो चलो समान सब बाहर निकाल लो,अगला स्टेशन हमारा ही है..

तभी मै अंकल से बोल पड़ा।

मै – अंकल गाज़ियाबाद आने मे अभी चालीस मिनट है..

अंकल – बेटा ट्रेन को चालीस मिनट नहीं लगेगी..

फिर मै सोच मे पर गया,यार अलगे स्टेशन पे तो प्रिया भी उतर जाएगी, उफ़ क्या यार..

धीरे धीरे हमरा सफर अब तो खत्म होने को आ ही गई थी,नहीं यार अभी थोड़ा और लंबा सफर होना चाहिए था..

प्रिया – क्या सोच रहे हो.

मै – यही की तुम अगले स्टेशन पे उतर जाओगी..

प्रिया – क्या ?

उफ़ ये क्या यार,ये बाते मेरे मुह से निकल गई,लेकिन मै केहना नहीं चाह रहा था..

प्रिया – इसमैं सोचना क्या..

मै – कुछ नहीं बस सोच लिया.

हम ना जाने कई चांस खेले,कभी वो जीती तो कभी मै हमे लूडो खेलते खेलते,शायद तीस मिनट से ऊपर हो गये होंगे,

लेकिन ट्रेन अभी भी रुकी थी,पर मुझे मज़ा आ रहा था,क्यू की मेरे से पसंदीदा लड़की मेरे साथ थी,और मे चाह ही रहा था,ट्रेन ऐसे ही लेट रहे,कुछ देर बाद हम दोनों खिड़की के पास अच्छे से बैठ गये और निहारने लगे..

प्रिया - कितना अच्छा लगता है,ना ये मार्च का महिना..

मै - हा,यार मुझे भी बहुत पसंद है,क्यू की ये मौसम मे मुझे अच्छी फ़ील आती है.

प्रिया - अच्छा,तुम्हें तो बहुत पता है,मार्च कर बारे मे और क्या,क्या पता है.

मै उसकी आखों मे आखे डाल कर बहुत प्यार से बोल.

मै - अब तो और भी बहुत करीब है,ये महीना मेरे दिल के,वो अक्सर लोग केहते है,मार्च बहुत कुछ देकर जाता है..

ये सुन के वो हसने लागि,और साथ मे,मै भी शायद जो मै केहना चाह रहा था,वो समझ चुकी थी..

ट्रेन अभी भी रुकी थी,फिर हम दोनों ने सोचा चलो,गेट पे चलते है,जब हम दोनों गेट के तरफ जा रहे थे,तभी प्रिया की मम्मी बोली.

प्रिया मम्मी - कहाँ जा रही हो.

प्रिया - कुछ नहीं मम्मी बस नीचे से आ रही हु,

प्रिया मम्मी - ठीक है,लेकिन जल्दी आ जाना,

प्रिया - हा,मम्मी

मै - तुम्हारी मम्मी तो तेरा बहुत खयाल रखती है.

फिर हम दोनों हस्ते हुवे जाने लगे,तभी देखा की ,एक अंकल टॉइलेट के पास खैनी लगा रहे थे,और पता नहीं बहुत उदास सा चेहरा लेकर बैठे थे,शायद कुछ परेशानी है,लेकिन मेरी हिमत नहीं होती की मै उनसे पूछ सकु,ये सोचते हुवे मे आगे निकल गया,और गेट पे चला गया..

कुछ देर हम दोनों वही खड़े रहे,इधर उधर निहारते रहे,जब मै प्रिया के आखों मे देखा तो ऐसा लगा,वो कुछ ढूंढ रही है,लेकिन मै उस से पूछ लिया..

मै - क्या,ढूंढ रही हो ..

प्रिया - यार मुझे पानी पूरी खाना है,लास्ट टाइम जब आई थी,तब एक पानी पूरी वाला था यहाँ,बहुत अच्छा खिलाये थे,वो

मै - चलो नीचे जाकर ढूंढते है

फिर हम दोनों नीचे उतरे इधर उधर ढूँढने की कोशिश की,लेकिन वो नहीं मिले फिर हमदोनों वापस से ट्रेन मे चढ़ गये,ट्रेन भी बहुत देर से

रुकी थी,ट्रेन के काफी लोग नीचे उतर चुके थे,और लोग परेशान भी हो रहे थे,लेकिन मजे मे सिर्फ और सिर्फ मै था,

ट्रेन के अंदर जाते टाइम हम दोनों किसी दूसरे कोच के गेट से चढ़े और वहाँ एक बांदा मस्त गिटार बाजा रहा था,,,,,

उसकी आवाज बहुत प्यारी थी,हम दोनों वहाँ ठेहर गये,और सुने लगे ,कुछ देर सुनते सुनते मेरा फोन बाजा,फोन मेरे घर से मेरा पापा का था..

मै - हेलो,हा पापा

पापा - कहाँ पहुचे..

मै - अभी गाजियाबाद से पीछे ही हु,शायद से ट्रेन लेट है..

पापा - शायद से क्या,ट्रेन तो लेट होती ही है,खाना पीना हुआ..

मै - हा , पापा

फिर पीछे से फोन पे मम्मी बोली

मम्मी - अच्छे से आना,और किसी के हाथ का कुछ खाना मत,

अब मम्मी को कैसे बताऊ की पूरे सफर मे दूसरों के हाथों का ही खाते हुवे आ रहा हु..

मै - ठीक है ,मम्मी

इतनी बात होने के बाद पापा ने फोन रख दिया,फोन रखते ही प्रिया का फोन बाजा उसके फोन पे भी उसकी मम्मी का कॉल था,फोन रखने के बाद प्रिया मुझ से बोली..

प्रिया - चलो मम्मी बुला रही है ..

फिर हम दोनों डब्बे के तरफ जाने लगे,कुछ देर बाद जब हम दोनों वहाँ पहुचते है,तो देखते है,प्रिया की मम्मी से टीटी साहब टिकट मांग रहे थे,और वो टिकट प्रिया के पास थी,लेकिन दिकत ये थी,की सब की टिकट थी बस प्रिया की टिकट कन्फॉर्म नहीं हुई थी,तो उसके पास उसकी खुद की टिकट नहीं थी,फिर टीटी ने बोल दिया..

टीटी - मैडम आप की टिकट,

प्रिया - सर,वो मेरी टिकट कन्फॉर्म नहीं हुई,

टीटी - तो आपको नहीं आना चाहिये था,

मै प्रिया के पीछे की खड़ा था,इतना तो मुझे समझ आ गया था,की साला ये टीटी खरोस तो है

प्रिया - सर,कैसी बाते कर रहे हो आप पूरी फाइमली साथ मे है,और आप ऐसे बात कर रहे हो..

टीटी - मैडम मै बहुत अच्छे से बात कर रहा हु..

प्रिया - कुछ अच्छे से बात नहीं कर रहे हो आप

आस पास बैठे लोगों ने भी टीटी से बोला क्या सर पूरी फॅमिली साथ मे है,एक की टिकट कन्फर्म नहीं हुई है बस॥

टीटी - ये रैलवे मेरे बाप का नहीं है..

ये सुनके मुझे लगा साल अब तो ज्यादा हो रहा है ,और मेरे से रहा नहीं गया मै बहु कूद गया इस जंग मे और बोल परा,

मै - तो सर कौन बोल रहा है,ये रैलवे आप के बाप का है..

टीटी मुझे देखा और बोला

टीटी -तुम अपना टिकट दिखाओ ..

मैंने दिखा दिया और टीटी मुझे घूर कर देख रहा था,

टीटी -तुम कौन लगते हो इनके

मै - हम सब साथ मे ही है ..

टीटी - तो क्या,करू

मै - नहीं सर आप कुछ मत कीजिये,मै कर देता हु

मैंने अपने पापा को कॉल लगाया और पूरी बात बताई,वो क्या है ना मेरे पिता जी स्टेशन मास्टर है,वो भी दिल्ली मे जहाँ ये ट्रेन लास्ट जाती है,उनकी ड्यूटी अक्सर रात को ही होती है,लेकिन पावर तो हमेशा काम करता है..

पापा ने टीटी से बात की और टीटी ने एक पर्ची कट करके दिया ,ताकि कोई और दूसरा टीटी टिकट नहीं मांगे..

फिर वो चले गये ..

उसके के बाद प्रिया खुशी से बोली

प्रिया - धन्यवाद जी

मै - हस्ते हुवे (मोस्ट वेलकम जी)

फिर हम सीट पे जाके बैठ गये,और एक दूसरे का तस्वीर निकाल कर देखने लगे,मैंने अपने कॉलेज के कुछ तस्वीर दिखाए,उसने भी अपने कॉलेज के कुछ तस्वीर दिखाए,हम दोनों ही थे शायद ट्रेन मे जिसे घर पहुचने की जल्दी नहीं थी,मुझे तो बिल्कुल भी नहीं थी..

अंकल - एक बात बोलू जय..

मै - हा,अंकल

अंकल - जब मै तुम्हारे उम्र मे हुआ,करता था तब बिल्कुल तुम्हारे जैसा था..

प्रिया - कैसे ..

अंकल - ये उम्र है ना,जी भर के जी लो शायद उसके बाद जीने का मौका ना मिले..

मै - ऐसे कैसे,हम तो पूरी उम्र जियेंगे वो भी मजे से..

अंकल - हा ,बेटा मुझे भी ऐसा ही लगता था..

प्रिया - आप थोड़ा खुल के बताएंगे..

अंकल - बेटा कुछ चीजे उम्र के साथ ही समझ आती है..

अंकल केहना क्या,चाह रहे थे शायद मुझे थोड़ी थोड़ी समझ आने लागि थी,मै अपने सीट से उठा और बिना कुछ बोले बाथरूम चला गया,और अंदर जाकर सिगरेट पीने लगा,और अंकल की बाते मेरे दिमाग मे बहुत सारे सवाल खारे कर रहे थे,और मै कुछ सोच नहीं पा रहा था,तभी बाथरूम का दरवाजा किसी ने पीटा मै जल्दी जल्दी,बुझाया और बहार निकल गया,कुछ देर वही गेट पे खड़ा रहा,और अब दिमाग चलाने लगी

ये साली ट्राइन क्यू नहीं खुल रही,अब तो शाम हो गई,तब तक मेरे पास प्रिया आ गई..

प्रिया - चलो चाय पीले..

मै - नहीं मेरा मन नहीं है,

फिर उसने मुझे गुस्से से देखा और मैंने सोचा,चलो पी ही लेता हु..

फिर हमदोनों ने मिलकर के चाय की दुकान ढूँढी,देखा जहा ज्यादा भीड़ होगी,वही जाकर पियेंगे एक चाय एक दुकान दिखी,हुमने वहाँ से चाय ली,पास मे एक बेच थी,वही बैठ गये..

मुझे ऐसे खामोश बैठे देख शायद प्रिया को अच्छा नहीं लगता,वो चाहती है जब मै उसके साथ राहू उसे बाते करता राहू,लेकिन साल वो अंकल की बाते मेरे दिमाग से जाने का नाम ही नहीं ले रहा था,वेसे देखा जाये तो बात उनकी कुछ खास तो नहीं थी,लेकिन उसके पीछे का मतलब बहुत बड़ा था,और वही मुझे अंदर ही अंदर खाये जा रहा था..

प्रिया - क्या,सोचते रहते हो इतना..

मै - कुछ नहीं

तभी वहाँ एक पानी पूरी वाला आया,और प्रिया को तो खानी थी,फिर हमदोनों उठ के पानी पूरी खाने लगे,मैंने पानी पूरी वाले बोला

मै - भाई मुझे तीखा मत देना..

प्रिया - भईया मुझे तीखा ही देना..

हा हा ,वेसे भी लड़कियों को तीखा ही पसंद आती है,हम लौंडे तो नॉर्मल ही खाना पसंद करते है..

तीखी पानी पूरी खाने के बाद उसकी हालत खराब हो गई,आखों से आशु आने लगे पर वो मुझे बता भी नहीं रही,उलट पानी पूरी वाले को बोल रही है..

प्रिया - भईया थोड़ा और तीखा..

पानी पूरी वाला - भईया आपको..

मै - नहीं भाई,मेरा हो गया

प्रिया को देख मेरी आखे तंग रेह गई,कोई इतना तीखा कैसे खा सकती है,जब उसको लगा की अब ज्यादा हो रहा है,तब उसने एक जोर की सास ली फिर पानी पूरी वाले से बोली..

प्रिया - भईया अब रेहने दो,हो गया अब..

मै - कितना हुआ

पानी पूरी वाला - एक सो पचास रुपैया..

मैंने उसे दो सो के एक नोट दिए,उसने मुझे पचास रिटर्न किया,और उस पैसे का मै पानी लेने चला गया,खुद के लिए नहीं प्रिया के लिए,पानी लाकर उसे दिया,कुछ देर तक हम दोनों वही पास रखे बेंच पे ही बैठे रहे..

प्रिया - ये ट्रेन खुल क्यू,नहीं रही

मै - चलो पूछ कर आते है..

प्रिया - कहाँ से..

मै - पूछताछ घर से..

फिर हम दोनों वहाँ गये,देखा की वहाँ पहले से बहुत भीड़ लागि है,और मेरी हिमत नहीं कर रही थी,की मै उस भीड़ का हिस्सा बानू,हम दोनों ने कुछ देर रुक कर सोचा की,चलो कुछ देर मे तो ट्रेन खुल ही जाएगी,तब तक अपने सीट पे ही जाकर बैटते है..

2 मार्च

अब तो अंधेरा हो चुका था,टाइम कुछ सात बज रहे होने,लेकिन ट्रेन तो खुलने का नाम ही नहीं ले रही थी,

लेकिन ये तो हमारे हाथ मे है भी नहीं,की कुछ हम कर सके

हमदोनों अपने सीट पे जाकर बैठ गये,ट्रेन मे कुछ मुसाफिर तो सो भी गये थे जनाब,कुछ अपने घर पे फोन से बात कर रहे थे..

तो कुछ अपनी महबूब से,चलो ये भी अच्छा है..

हम दोनों अपने सीट पे जाकर बैठ गये,और वही काम फिर खिड़की से बाहर निहारने लगे,

शायद अब हमे भी कुछ समझ नहीं आ रहा था..

क्या करना चाहिए अब।

हमदोनों कम से कम पंद्र मिनट तक एक दूसरे से बात नहीं कीये,बस बैठे रहे और इधर उधर निहारते रहे,कभी एक दूसरे को तो कभी ट्रेन मे बैठे लोगों को ,मै अपना पैर नीचे करके बैठ गया,प्रिया ने भी अपना पैर नीचे कर ली,और कुछ देर बाद उसने अपने पैर मेरे पैर को टच किया,मैंने उसके तरफ देखा,तो वो हसने लागि,तभी मुझे जौन एलिया कुछ पांतिया याद आ गई,और वो कुछ यू था..

बहुत दिल को कुशादा"कर लिया क्या

जमाने भर से वादा कर लिया क्या

बहुत नजदीक आती जा रही हो

बिछड़ने का इरादा कर लिया क्या..

और ये जो कुछ पांतिया थी,मैंने प्रिया को सुना दिया

प्रिया - मै हाथ थामने वालों मे से हु,ना की छोर कर जाने वाली..

मै - सब यही केहते है..

प्रिया - सब केहते होंगे,पर मै निभाती हु..

मै - ना जाने कौन सी शिकायतों के हम शिकार हो गये..

जीतना दिल साफ रखा उतने गुनहगार हो गये..

प्रिया -मै छोड़ने से पहले सों मर्तबा सोचती हु

छोड़ने के बाद एक दफ़ा भी नहीं..

मै - हा,वेसे भी हमारी आशकी चंद घंटों की है

मौतरमा सफ़र खत्म आशकी खत्म..

युही कुछ देर तक शायरी वाली लड़ाई चलती रही,कुछ बिछड़ने की,तो कुछ साथ निभाने ,तो कुछ हर पल हर लम्हा साथ निभाने की..

वेसे मुझे लगता है,ये शायरी वाली लड़ाई बहुत अच्छी होती है,हर किसी को करती रेहनी चाहिए,और एक ये ट्रेन जो अब तक खुलने का नाम नहीं ले रही थी,रात के कुछ सात बज चुके होने मुसाफिरों के अंदर एक अलग सी बेचैनी होने लागि थी,वो क्या की ट्रेन चलती रहे तो अच्छा लगता है,अगर थम जाये तो बेचैनी..

हमारी ज़िंदगी भी कुछ ऐसी सी ही है जनाब

जब तक अच्छे से चल रही होती है,तो हमे बहुत मज़ा आता है..

और जब थम सी जाती है,तो हम बेचैन हो जाते है..

और वेसे भी आज कल की ईस भाग दौर की ज़िंदगी मे,किसी के भी अंदर अब ठहराऊ नहीं रहा,अब सब लोग सारी चीजे जल्दी मे ही करना चाहते है..

अंकल - लगता नहीं है,आज ट्रेन खुलेगी

मै - नहीं नहीं,खुलेगी

आंटी - नहीं बेटा हमारा तो जाना आना लगा रेहता ,हर बार का यही

प्रिया - मतलब

अंकल - मतलब की ये ट्रेन हमेशा ऐसे ही करती,पाच छह घंटे लेट ही चलती है..

मै - अंकल आप को इतने अच्छे से कैसे पता है,ये सब

अंकल - हस्ते हुवे (हम तो महीने मे तीन चार बार आते जाते रेहते है ना)

मै - ओ

मेरे मन मे ख्याल आया,अंकल इतनी दफ़ा कहाँ आते जाते रेहते है,इतनी उम्र हो गई है,और साथ मे कोई भी नहीं ,तो सोचा पूछ ही लू ..

मै - अंकल आप कहाँ से आ रहे है..

अंकल - बम्बई से

मै - अच्छा घूमने गये थे..

अंकल - नहीं बेटा ,वो मेरी पत्नी को कैंसर है,तो उसी के चेकप के लिए जाना आना लगा होता है..

कैंसर नाम सुनते ही मेरी रूहे काप उठी,और मेरी हिम्मत नहीं हुई की मै कुछ और सवाल जवाब करू,लेकिन फिर भी हिम्मत करके पूछने की कोशिश की।

मै - कौन से स्टेज पे है.

अंकल - तीसरा स्टेज पे है..

तीसरा स्टेज यानि,देखा जाये तो लास्ट स्टेज इस स्टेज पे शायद इंसान के पास ज्यादा वक्त नहीं होता ज़िंदगी जीने को,उसके आगे मेरी हिम्मत अब खत्म हो चुकी थी,मै शांत होकर बैठ गया और प्रिया भी एक दम से शांत हो गई,बस एक ही चीज थी जो शांत होने का नाम नहीं ले रही थी..

और वो था मेरा मन,मै सोच मे पर गया की जब इंसान को उसके अंतिम समय का

पता लगता होगा,

फिर वो क्या सोचते होंगे,इसी सोच मे मै बैठा रहा..

कुछ देर बाद प्रिया मुझ से बोली

प्रिया - मुझे भूख लागि है

मै - रुको कुछ लेकर आता हु..

प्रिया - मै भी चलती हु

मैंने उसे मना कर दिया,और अकेले नीचे उतर गया,देखा स्टेशन खाली होने लागि थी,क्यू की अब देर रात हो गाई थी,स्टेशन के दूसरे साइड एक खाली सा माल गाड़ी लागि हुई थी,मे कुछ लोग टौर्च जला कर कुछ खेल रहे थे,कुछ दूर पे थी,तो मुझे ठीक से दिखा नहीं,मै निकल गया कुछ खाने को ढूँढने,कुछ दूर चला तो देखा गरमा गरम पकोरे निकल रहे थे,भाग कर वहाँ गया..

मै - भईया सौ रुपये के पकोरे दे दो..

पकोरे वाला - थोड़ा टाइम दो..

कुछ देर मै इंतज़ार करने लगा,और अपना फोन निहारने लगा,जब मै अपना इंस्टाग्राम ओपेन किया तो देखा,प्रिया ने मेरी सारी फ़ोटोज़ पे लाइक कर राखी है,तभी ट्रेन की हॉर्न बाजी,मैंने जल्दी से फोन को अपने जेब मे रखा,और बोल

मै - भईया मेरी ट्रेन खुल जाएगी,जल्दी देदो

वो भी जल्दी जल्दी निकाल कर पेपर मे डाल कर मेरे दोनों हाथों मे थमा दिया,दोनों हाथ मे पकोरे लिए मै अपने डब्बे के तरफ जाने लगा,तभी ट्रेन खुल गई,मै जैसे तैसे भाग कर दोनों हाथों मे पकोरे लिए ट्रेन मे चढ़ गया,,

चढ़ ते ही देखा की प्रिया गेट पे मेरा इंतज़ार कर रही थी,और उसकी आखों मे गुस्सा था,मै उस टाइम शांत रेहना ही सही समझा,और चुप चाप अपने सीट के तरफ जाने लगा,पीछे पीछे वो भी आ रही थी,मैंने अपनी तिरछी नज़र से देख रहा था..

खैर ट्रेन खुल जानी की जितनी खुशी ट्रेन मे बैठे लोगों के अंदर थी,उतना ही दुख मुझे हो रहा था,सोचो छोड़ो फ्यूचर को प्रेजेंट को जी लेते है पहले..

हमदोनों अपने सीट पे जाकर बैठे मस्त पकोरे खाये,कुछ खुद खाये तो कुछ,बगल मे बैठे अंकल आंटी को खिलाया,और सोचा ये पकोरे तो आज बहुत मेहगा परने वाला था..

ट्रेन ने तो बहुत जल्दी अपने रफ्तार मे आ गई थी,ऐसा लग रहा था..

मानो अब तो घंटों मे घर पहुचा देगी,ट्रेन की रफ्तार के साथ मेरे

दिल की रफ्तार भी तेज होने लागि थी..

अब तो मेरा भी सफर खत्म होने को ही आया था,लेकिन फिर भी अभी कुछ घंटे बाकी थे,तभी मे प्रिया से पूछ लिया.

मै - क्या ?हम लोग अब कभी मिल पाएंगे..

प्रिया - किस्मत ने चाहा तो जरूर मिलेंगे..

मै मन मे ही सोचा मेरी किस्मत उतनी अच्छी तो नहीं है,की हमारी मुलाकात कभी हो पाएगी,जब तक हम दोनों ना चाहे तो..

मै - चलो अच्छा है..

प्रिया - वेसे मे नेक्स्ट महीने दिल्ली आ रही हु..

वाह क्या बात है,मेरा दिल तो एक दम खुश हो गया,चलो कम से कम हमारी मुलाकात फिर से हो सकती है,

प्रिया - लेकिन अभी कन्फर्म नहीं है.

अंकल - बेटा जब मिलना जिससे लिखा होता है,तभी ऊपर वाला हमारी मुलाकात उन से करवाती है..

शायद अंकल मेरी भावनाओ को समझ चुके थे,अच्छा लगा ये सुन के चलो कोई तो है,जो मेरी भावनाओ को समझ रहे है..

मै - देखते हमारी किस्मत अब हमे कब मिलती है,या फिर नहीं मिलती है..

प्रिया - ऐसे क्यू,बोल रहे हो

मै - बस ऐसे ही बोल रहा हु..

प्रिया - हम मिलेंगे और जरूर मिलेंगे,

मैंने सोचा भी नहीं था,मुझे कभी किसी आजनबी से इतना अच्छा और सच्चा इश्क हो जाएगा,ये तो इश्क है,कभी बता के नहीं होता..

मै - इंतज़ार रहेगा मुझे उस पल का ..

अब तो शायद ट्रेन भी,कुछ देर मे गाज़ियाबाद पहुचा देगी,लेकिन उसके बाद मुझे अकेले ही सफर करना होगा,सोच सोच के थोड़ा अजीब तो लग रहा था,लेकिन कर भी क्या सकते है..

वो एक कहावत है

की आखिर मे सब कुछ जाने देने का नाम की ज़िंदगी है ..

लेकिन कहावत और कविताए सिर्फ किताबों के किसी पानो मे ही अच्छी लगती है,आम ज़िंदगी मे तो कुछ और ही होता है,शायद इसलिये ही किताबे लिखी जाती होंगी,जो इंसान अपनी ज़िंदगी मे कुछ खो रहा हो,वेसे किताबों के जरिए मिल सकें..

प्रिया - खामोशी गलत फैसले करा लेगी,बोलिए वरना मसला हो जाएग..

ये प्रिया अचानक से बोली,लगता है मै काफी देर से खामोश बैठा था,लेकिन ये लाइन अच्छी थी..

मै - लगता है,आप किताबे बहुत पढ़ती हो..

प्रिया - हा,अच्छा लगता है..

जब जब ट्रेन स्टेशन के पास पहुचने को हो रही थी,मेरी हालत और हलथ दोनों ही खराब होने लगी थी,लेकिन कुछ केह नहीं पा रहा था,ऐसा लग रहा था,मनो मै अपनी ज़िंदगी का सबसे बेहतरीन पल इस सफ़र के दौरान जिया,इस पल को ऐसे नहीं जाने दूंगा..

तभी प्रिया ने मेरे हाथों पे अपना हाथ रखा और मुझे ऐसा लगा की मानो,मेरे रूह से मेरा आत्मा निकल गया,उफ़ काश ये लम्हा यही थम जाती,दुनिया की सारी चीजे रुक जाती,कुछ देर और हमदोनों ऐसे ही एक दूसरे का हाथ थामे यू ही बैठे होते,इतना सोचते सोचते ट्रेन की रफ्तार अब धीमी हो रही थी,और मुझे लग चुका था,हमारा सफर अब खत्म होने को आ गई है॥

तभी प्रिया की मम्मी आवाज लगाई

प्रिया मम्मी - प्रिया,इधर आओ

प्रिया - हा,मम्मी आई

जाते जाते कुछ केहना चाह रही थी,लेकिन बोल नहीं पाई ,मेरी आखे बस उसे ही निहार रही थी,सोचा चलो कुछ मदद कर देता हु,फिर मै उसके मम्मी के पास गया उनका कुछ समान उठाया,और हम गेट के तरफ जाने लगे,पीछे अंकल भी आ रहे थे,उनका भी एक बाग अपने कंधों पे रख लिया,और आगे बढ़ने लगे,प्रिया की मम्मी उतर गई,मै भी नीचे उतरा समान लेकर,समान प्रिया के हाथ मे दिया,स्टेशन पे उन्हे लेके कोई आए थे,तो वो हाथ मिलाकर जाने लागि और बोल पड़ी..

प्रिया - तुम्हारी आखे बहुत नशीली है..

मै - धन्यवाद..

फिर दोनों चले गये तभी पीछे से अंकल ने आवाज लगाई..

अंकल - बेटा

मै - हा,अंकल

अंकल - ज़रा ये बैग पाकर ना..

फिर अंकल आंटी दोनों को ट्रेन से उतरने मे मदद की,फिर दोनों भी आपस मे कुछ बाते करते हुवे जाने लगे तभी अंकल पीछे पलट कर बोले..

अंकल - जय,तुम इंसान बहुत अच्छे हो..

ये बात सुन कर मेरे चेहरे से उनके लिए एक बहुत प्यारी सी स्माइल निकली,फिर वो दोनों भी चले गये,मै वही से प्रिया को जाते हुवे देखता रहा,जब वो स्टेशन से बाहर निकल गई,तब अपना रूठा हुआ चेहरा लेकर,ट्रेन के अंदर आ गया..

ट्रेन के आंदर आ आकार अपने सीट पे जाकर बैठ गया,ट्रेन मे इधर उधर देखने लगा,वैसे तो ट्रेन अब लग भग खाली हो चुकी थी,ये खाली ट्रेन अब मुझे अच्छी नहीं लग रही थी,मैंने अपने बैग से किताब निकाला और पढ़ने लगा,और अपने बीते हुवे सफर को याद करने लगा,ट्रेन मे जो भी खाली सीट थी वो खाली सीट को देखर ऐसा लग रहा था,मानो प्रिया अब भी वही बैठी है..

ये तो होता है,जब आप किसी को अपने दिलों और दिमाग मै बैठा लो

तो वो अक्सर आप को,हर जगह दिखाई देने लगते है..

थोड़ी मन मे बेचैनी सी होने लगी मुझे,ट्रेन भी अब खुल चुकी थी,तो सोचा सो ही जाता हु,किताब निकाल तो लिया था,लेकिन पढ़ने का बिल्कुल भी मन नहीं था,और दिल्ली आने मे अभी एक घंटे बचे थे,ट्रेन भी वही तक जाती है,मै अपने बिस्तर को ठीक करने लगा तो देखा,कान की बाली खिड़की के परदे से लटकी हुई है,जब उसे परदे से उतार कर देखा ..

मुझे देख कर समझ आ गया की ये प्रिया की ही है..

चलो ये भी अच्छा कम से कम उस से बात करने का बहाना मिल गया,उस बाली को मैंने अपने रुमाल मे लपेट कर बहुत प्यार से अपने बैग मे रख लिया,और सो गया सोचा अब तो दिल्ली मे ही उठूँगा वेसे भी ट्रेन इस से आगे तो जाएगी नहीं..

तभी पापा का फोन आ गया

पापा - कब तक दिल्ली बहुत जाओगे..

मै - एक घंटे मे शायद..

पापा - ठीक है,बता देना मै लेने आ जाऊंगा..

मै - ठीक है ..

फिर मे सोने लगा तभी मेरे दिमाग मे कुछ पांगतिया चलने लगी,

"एक रात एक बात लिखूँगा ,खुद को

दाग और तुझ को चाँद लिखूँगा ,

मुझे पता है तू मुझे नहीं मिलेगी फिर

मेरी सफर शुरू हुई थी,उसको याद करते करते मुझे कब नींद आ गई पता भी नहीं चला,और मेरी नींद खुली भी तब जब पापा का फोन आया,वही पूछने को की ट्रैन कहाँ तक आई घर वालों को बहुत फ़िकर जताती है,जब हम सफर होते है,

मैंने उनका फोन उठाया तो देखा ट्रैन कुछ मिनटों मे दिल्ली पहुचने को,मैंने जल्दी जल्दी पापा का फोन उठाया..

पापा - और कितना टाइम लगेगा..

मै - बस अब पहुचने को है,पापा

पापा - बताया नहीं तुम..

मै - हा,वो आख लग गई थी,तो पता नहीं चला..

पापा - चलो ठीक है,मै भी स्टेशन के लिए निकलता हु..

सोचा क्या ही पापा को परेशान करू,खुद चला जाऊंगा

मै - नहीं रेहने दीजिए,मै ऑटो से आ जाऊंगा..

पापा - चलो ठीक है अच्छे से आना,

इतना बोल कर फोन रख दिए,और मै अपना आख मलते हुवे उठा और अपना बाग निकालने लगा,मुझे उतरने की जल्दी नहीं थी,क्यू की ट्रैन यहाँ बहुत देर तक रुकती है..

तो क्यू न आराम से ही उतरा जाये..

जब ट्रैन स्टेशन पे आ कर रुकी ,मै भी अपना बैग अपने कअन्धे पे डाला और गेट के तरफ बढ़ने लगा,तभी मेरी नज़र अचानक फिर से मेरी सीट पे गई,मन हुआ इस सीट के साथ साथ पूरी ट्रैन के डब्बे की कुछ तस्वीर ले ल,मैंने अपना फोन निकल और कुछ तस्वीर लेली ,और नीचे उतर गया..

और स्टेशन के बाहर चला गया,और चाय की दुकान ढूँढने की कोशिश करने लगा,रात के कुछ दस या बारह बज रहे होंगे,दूर एक प्यारी सी चाय की दुकान दिखी,वेसे तो स्टेशन के बाहर बहुत सारे चाय की दुकान होती है,लेकिन मै वहाँ जाता हु,जहा लोगों का आना जाना कम हो रहा हो,चाय के दुकान पे गया चाय ली,पीना शुरू किया..

दिल थोड़ा उदास था,मन बेचैन थी,और दिमाग कुछ सोच रहा था,पर मुझे भी मालूम नहीं वो क्या सोच रहा था,बस सोच रहा था।

चाय पीने के बाद मे ऑटो ढूँढने लगा,एक खाली ऑटो मे जाकर बैठ गया और अपने घर की तरफ निकल गया,ऑटो वाला भी क्या मस्त गाना लगा रखा था..

ऑटो वाला - और भईया कहाँ से आ रहे हो ,और कहाँ को जा रहे हो ..

मै - मै तो भईया बनारस से आ रहा हु,और अभी अपने घर को जा रहा हु..

ऑटोवाला मूह मे पान ले चबाए जा रहा था,और मुझ से बाते कीये जा रहा था..

ऑटो वाला - अच्छा है..

मैंने उसके बाद उसकी बातों को नज़र अंदाज करना शुरू कर दिया,पता नहीं पूरे रास्ते क्या सब बोल रहा था..

अब तो मै अपने घर के बहुत करीब था,

ऑटो वाला - भईया..

मै - हा

ऑटो वाला - आप को घूमना कैसा लगता है..

मै - घूमना किस को अच्छा नहीं लगता है,अच्छा लगता है.

ऑटो वाला - हम भी सोचे थे,वो करेंगे

मै - क्या,करेंगे

ऑटो वाला - वही जो सब करते है..,,

क्रम-सूची

प्रस्तावना

मैंने उसे तीन सों साठ रुपये निकल दिए फिर वो चला गया..

मै अपने घर के तरफ चला गया,घर के अंदर गया

उसकी बाते उतनी ही समझ आ रही थी,जितना रोहित शर्मा की बाते समझ मे आती है,वो मुझे घर तक तो पहुचा दिया सही सलामत क्यू की भाई साहब ने ऑटो रिक्शा को वानते भारत एक्स्प्रेस बनाते हुवे ला रहे थ,पूरे रास्ते

ऑटो रोकते ही भाई साहब ने पहले पान की पिचकारी मारी,फिर मुझ से बोले..

ऑटो वाला - लो भईया पहुचा दिया तुमको,अपने मुकाम पे..

मै - वाह क्या बात है,उर्दू मे बात करते हो..

हस्ते हुवे

ऑटो वाला - हा भईया वो किताब पढ़ते रहते है,तो बोल जाते है..

मै - अच्छा है,वेसे कितना हुआ तुम्हारा

ऑटो वाला - भईया तीन सों साठ

सब से मिला सब काफी खुश थ,खुश हो भी क्यू ना,सालों बाद जो घर आया था..

तभी मम्मी बोली

मम्मी - फ्रेश हो जाओ,खाना लगा देती हु..

पापा - खाता नहीं क्या हॉस्टल मे..

मै - खाते है..

पापा - तो इतना पतला दुबला क्यू दिख रहा है,

मै - कुछ नहीं बस ऐसे,ही अच्छा लगता है..

पापा - जाओ जाओ फ्रेश हो जाओ..

फिर मै अपने बेड रूम के तरफ,चला गया..

मेरा बेडरूम अक्सर तभी खुला करता है,

जब जब मै घर आता हु..

मेरे बेडरूम के साथ मेरी बहुत सी यादे जूरी है,जैसे की तब भी मै अपने बेडरूम मै आता हु,मेरा बीता बचपन मुझे याद दिलाता है..
कमरे मे जाने के बाद मेरी आखे,कमरे को निहारने लगी ,मेरे कमरे मे एक बहुत पुराना सीसा है,जो की मेरे स्कूल के टाइम का ही है..
सोचा कुछ देर वहाँ बैठ कर उसे निहारता हु..

जब मै वहाँ बैठा तो बैठा ही रेह गया,और मै अपने बीते हुवे वक्त को याद करने लगा,पता नहीं लेकिन सीसे मे खुदको देख कर मुझे अपने स्कूल टाइम के कुछ बेहतरीन पल याद आ गये,तभी मम्मी आवाज लगाई
मम्मी - जय,जल्दी आ जाओ ,गरमा गरम खाना है.

मै - हा,आया ..

फिर मै अपने कपड़े उतारे और,बाथरूम चला गया नहाने को,मस्त नहाया और कपड़े पहन कर,खाने के टेबल पर जाकर बैठ गया,तभी मम्मी खाना लेकर आई और पापा को आवाज दी॥

मम्मी - आप भी खा लो,,

पापा - हा,आता हु,,

मम्मी तब तक टेबल पर खाना लगाने लगी,और पापा भी आ गये,खाना खाते बहुत सारी बाते हुई,कुछ आने वाले पल की तो ,कुछ बीते हुवे लम्हों की,अच्छा लगता,जब पूरी फमैली एक साथ बैठ कर खाना खाने को बैठते है,वो भी सालों बाद खाना कर मै अपने कमरे मे चला गया,,

और बिस्तर पर लेट कर चल रहे पंखे को निहारने लगा

और सोचने लगा,की वक्त कितनी तेजी से निकाल रहा है,,

तभी मेरे फोन पे मैसेज आया,मैसेज प्रिया ने की थी,मैसेज देख

भूमिका

मेरा मन एक दम खुश होकर झूमने लगा,,
जब मैसेज खोला तो उसमे कुछ यू लिखा था,,
मैसेज (प्रिया)
कहाँ तक पहुचे
मै - अब तो घर पहुच चुका हु,और साथ मे एक emoji भेज दिया..

प्रिया - अच्छा है..

फिर मेरे दिमाग मे आया,उसकी जो कानों की बाली छूटी थी,उसकी फ़ोटोज़ भेजता हु,

जल्दी जल्दी मे बिस्तर से उठा और बैग फ़ोटोज़ ली,और उसे भेज दिया,पर वो देखि नहीं थी,अब तक शयद ऑफलाइन हो चुकी थी,फिर मै अपने पुराने कंप्युटर टेबल पे चला गया,और उसे ओपन करके,अपनी स्कूल टाइम की डायरी फाइल ओपन करके,अपने स्कूल टाइम की कुछ तस्वीरे देखना लग,,,

उफ़ क्या ज़िंदगी थी,स्कूल टाइम पढ़ाई कम और मस्ती ज्यादा,किसी बात की कोई टैंशन नहीं,कास वो पल फिर से एक बार लौट आता,जो चीजे नहीं कर पाया था,वो करता..

तभी मेरे मोहले के एक पुराने दोस्त का फोन आया पुराना मतलब बचपन का दोस्त जो की सारे कांड अक्सर साथ ही किया करते थे,उसका नाम अविनाश है..

अविनाश - और भाई आ गया,बनारस से

मैं - हा,गुरु आज ही आया हु

अविनाश - और कैसा रहा सफर तेरा ,

मैं - बहुत मजेदार,तुम बताओ नेता जी,क्या चल रहा है,आज कल दिल्ली मे।

मैं नेता इसे इसलिए बोलत हु,क्यू की भाई साहब का सपना है,सांसद बनने का,खैर पॉलिक्स मे तो अभी से भाई साहब की पाकर है..

अविनाश - कुछ नहीं बस वीपक्षी की ठुकाई चल रही है,,,

मैं - मतलब

जब उसने मतलब समझाया तो,हम दोनों फोन पे ही हसने लगे,वो आप सब को नहीं बता सकते लेकिन समझ जरूर गये होने,हमारी बातों को और भावनाओ को..

अविनाश - सुन ,

मैं - सुना,

अविनाश - शाम को मलते है ,चौराहे पे..

मैं - ठीक है,,

फोन रख कर मैं अपने बैल्कनी मे चला गया,और गलियों को निहाने लगा,गली तो अब पेहले से सुनसान दिख रहा था,हमारे टाइम मे तो इतनी खाली नहीं रहा करती थी,,,

वेसे भी आज कल के बच्चे खेलना कहाँ पसंद करते है,वो तो अब पूरे दिन फोन मे ही लगे रहते है..

गली को मै कुछ देर निहारता रहा,तभी परोस की आंटी ने आवाज लगाई..

आंटी - जय,आ गये तुम

मै -(थोड़ी उची आवाज मे) हा,आंटी आ गया,नमस्ते कैसी हा आप

आंटी - मै तो ठीक हु,और बताओ अब तक हो,,

मै - होली खत्म होने के बाद चला जाऊंगा,,

आंटी - चलो अच्छा है,,

इतना बोल कर वो चली गई,और मै भी अपने कमरे मे चला गया,और बिस्तर पे लेट गया..

पावती (स्वीकृति)

शाम को,,,

मै चौराहे के तरफ निकल गया घूमने को जब चौराहा पे पहुचा,तो

देखा

अविनाश पूरी मंडाली के साथ बैठा हुआ है ,

और सभी लोग चाय पी रहे है,मुझे देख कर अविनाश मुझे बुलाया

और अपने साथ बैठे लोगों से मिलवाया,अच्छे लोग थे,,,

अविनाश - ये मेरा बचपन का जिगरी है ,,

मै हसने लगा,और वहाँ बैठे लोगों से बोल

मै कुछ बोलने वाला था,तभी प्रिया का फोन आ गया,तो मै साइड मे
चला गया बात करने के लिए..

प्रिया

कहाँ हो..

मै - बाहर आया हु,दोस्तों से मिलने

प्रिया - अच्छा तुम्हारे दोस्त भी है,

मै - क्यू,नहीं होना चाहिए

प्रिया - नहीं नहीं,क्यू नहीं होना चाहिए,दोस्त ज़िंदगी मे बहुत जरूरी,,

मै - अच्छा,बहुत पता है,तुम्हें

प्रिया- हा,पता तो है,वेसे ये कानों के घूमके आप को कैसे मिल..

मै - ट्रेन की खिड़की पे झूल रही थी,मानो किसी की राह देख रही हो,,

प्रिया - वाह क्या बात,बाते आप बहुत अच्छी करते हो,,

मै - मै साथ भी अच्छा निभाता हु,

प्रिया - वो दिख रहा है,जनाब,वेसे मे होली के बाद दिल्ली आ रही हु..

मै तो खुश हो गया यार,ये सुनके फिर से मिलने का मौका मिलन रहा है,क्या बात है

मै - कब,,

प्रिया - वो अभी पता नहीं,लेकिन पापा के साथ आ रही हु,पापा को कुछ कम है..

मै - अच्छा ठीक है,मै आप को दिल्ली की सबसे बेस्ट पानी पूरी खिलाऊँगा जी,,

प्रिया - अच्छा,फिर तो आना ही परेगा,,

मै - हा,जी

अविनाश मुझे बुलाने बुलाने लगा,तो सोचा घर जाके प्रिया से बात करूंगा,नहीं तो साला बुरा मान जाएगा ,

मै - घर जाके बात करता हु,

प्रिया - ok

फोन रख कर फिर अविनाश के पास चला गय,और उनकी मंडली मे घुस गया ,बहुत सारी बाते हुई ,पॉलिटिक्स को लेकर वेसे भी नेता सब के साथ बैठा हु,

तो और क्या ही बाते हो सकती है,अब देर रात होने को थी,दुकाने बंद होने लागि थी,और लोग भी अपने घर जाने को थे,,तो हम लोगों ने सोचा हम लोग भी घर ही निकलते है,,,

सब लोग घर जाने लगे सिर्फ मै और अविनाश वहाँ बैठे रहे तभी अविनाश मेरे से बोला

अविनाश - मेरे को एक दिन बहुत बड़ा नेता बनना है,international लेवल का,

मै - ये चाय पीके,दारू पीने वाले की जवान काहे बोल रहा है,मतलब क्यू बोल रहा है,

अविनाश - मतलब तुमको लगता है ,मै नहीं बन पाऊँगा,

मै - नहीं ,मेरा ये मतलब नहीं है

अविनाश - तो क्या है ,,

मै - बेटा,जो चीज बहुत दूर होना उसके बारे मे ज्यादा सोचना नहीं चाहिये,

अविनाश - आबे नेता लोगो का,काम ही यही होता है,दूर की चीजे देखना

मै - अच्छा,नेता बनते बनते गुंडा मत बन जाना,,

अविनाश - तू केहना क्या,चाहता है,सारे पालिटिशन गुंडा होते है,,

मै - मैंने ये कब बोला,,

अविनाश - साला तुम बोलता कुछ नहीं है,लेकिन सब कुछ बोल जाता है,,

मै सोचा शांत ही राहू,नहीं तो लड़ाई हो जायेगी,मै शांत ही रहा कुछ देर तक ना बोलने पर वो खुद पे खुद शांत हो गया और बोला,,

अविनाश - चलो घर,,

हम दोनों दो पहिया पे बैठे और निकल गये घर के तरफ,,,

मुझे मेरे घर पे पास उतार कर अविनाश चला गय,बिना कुछ बाते कीये,मै भी अपने घर के अंदर चला गया,खाना खाया और सोने कमरे मे चला गया,बिस्तर पे जाने के बाद हमारे साथ overthinking भी आ जाती है, उसके बाद नींद कहाँ आने वाली है ,,,

मन मे बेचैनी,दिल मे डर ,और दिमाग दोनों को समझाने मे लगा हुआ था,और खानों मे काही दूर से होली के गानों की आवाजे आ रही थी,तो उसे सुनते सुनते कब नींद आ गई पता ही नहीं चला,,,

सुबह सुबह नींद खुल क्यू,की मुझे लग रहा था,कोई घर मे आया है,आवाज बहुत तेज आ रही थी,उठ कर देखा परोश की आंटी आई थी,अपनी बेटी की शादी का कार्ड देने,वो मेरे साथ स्कूल मे पढ़ती थी,दोनों सैम बैच मे थे,,,,

मुझे देख आंटी बोली..

आंटी - बेटा तुम कब शादी कर रहे हो,,,

मै - मेरे मे अभी बहुत समय है,आंटी

मम्मी - मै तो बोल रही हु,कर लो फिर पढ़ते रेहना,,

मै - हा,हा क्यू नहीं ॥

इतना बोल कर मै अपने कमरे मे चला गया,और फोन उठाया तो देखा प्रिया ने रात को दस कॉल की थी,और मुझे पता भी नहीं चला मैंने कॉल बैक किया,तो फोन ऑफ बता रहा था ,फोन रख कर मै बाथरूम चला गया,,,

बाथरूम मे ही बैठे बैठे सोचने लगा,जब प्रिया दिल्ली आएगी तो उसे बाइक पे घुमाऊँगा,ना जाने और भी कितने खयाल आ रहे थे,इंतज़ार थी,तो बस उस वक्त की जब प्रिया दिल्ली आएगी,,,

मै बाथरूम से बाहर आया तो देखा,फिर से प्रिया का कॉल आ रहा था,मै फोन उठाया ,

मै - हेलो,,

प्रिया - हाजी,आप अभी तक घर नहीं पहुचे क्या,

मै - क्यू,क्या हुआ,,

प्रिया - नहीं अपने बोल था,घर जाकर कॉल करता हु,,

मै - अच्छा,हा वो मुझे थोड़ा माफ कीजिये गा,मै भूल गया था,,

प्रिया - अच्छा है जी कभी दोस्ती भी नहीं भूल जाना,,,

मै - नहीं नहीं,,

प्रिया - मै ये बताने को कॉल की थी,की मै कल दिल्ली आ रही हु,,

मै - इतनी जल्दी,,

प्रिया - हा,,वो पापा बोले चलो कल ही,

मै - अच्छा ठीक,आप बतानो मुझे कितने बजे तक पहुच जाओगी,,

प्रिया - शायद सुबह दस बजे तक,,

मै - इतनी सुबह सुबह,,

प्रिया - हा,

मै - अच्छा ठीक है,,

प्रिया - मै कल कॉल करूंगी,उठाना मत भूलना

मै - अच्छा ठीक है जी ,,

फिर उसने फोन रख दिया,और मुझे बस इंतजार थी,अगले दिन की जैसे तैसे पूरे दिन को निकाला कभी गेम खेलते हुवे तो,कभी फिल्मे देखते हुवे जब रात हुई तो सोचा आज मै छत पे सोऊँगा,,

खाना खाकर कुछ सोने का समान लेकर छत पे चला गया सोने,और सोते सोते आसमान को निहारने लगा,खुले आसमान के नीचे सोने का अपना भी एक अलग ही मज़ा है,,

आसमान को देखते देखते मुझे नींद आ गई थी,मॉर्निंग मे जैसे ही धूप निकली मेरी नींद खुल गई,इस लिये तो मै छत पे सोने आया था,,

फटाफट जाके मै फ्रेश हुआ और उसके कॉल का इंतजार करने लगा,कुछ देर इंतज़ार करने के बाद उसका फोन आया और उसने एड्रैस भेजा,फट से मै गाड़ी निकाला तभी मुझे याद आय,उफ़ उसके घूमके ले लेता,,,

घुमका जेब मै डाला और निकल गया,मै पते पर पहुच चुका था,कुछ देर इंतज़ार करने के बाद देखा प्रिया आ रही है,लेकिन ये क्या उसले साथ एक और लड़की थी,,

दोनों आई प्रिया ने मुझे उससे मिलवाया,,

प्रिया - जय ये मेरी बहन है,,

मै - अच्छा ,,

प्रिया - चलो यहाँ पास मे पानी पूरी बहुत अच्छा मिलता है,,

मै - आप को मालूम है,,

प्रिया - आप को क्या,लगता दिल्ली को मै नहीं जानती,,

मै - नहीं नहीं ऐसा नहीं है ,,

फिर हम तीनों आपस मे बाते करते हुवे,पानी पूरी वाले के पास जाने लगे जब वहाँ पहुचे तो मैंने प्रिया का घुमका उसे लौटा दिया,वो घुमका देख बहुत खुश हुई और मुझे गले लगा ली,,

मै - भईया हम तीनों को मस्त पानी पूरी खिलाओ..

तीनों ने कुब बाते करते हुवे,पानी पूरी खाये,और जब जाने का टाइम हुआ तो प्रिया बोली,,

प्रिया - अब जाना होगा,पापा इंतज़ार कर रहे होने,,

मै - ठीक है जी,,

जब जाने लगी तो मेरे हाथ मे शादी का कार्ड दे दी और बोली

प्रिया - आना जरूर

शादी का कार्ड देख मेरी आखे नम सी हो गई और साँसे थम सी गई,और दिल से बस एक ही आवाज आ रही थी,,

रोकू या जाने दु,,,

जब वो रिक्शा पे बैठ गई तो फिर से बोली,

प्रिया - आना जरूर नहीं तो मेरी,बहन बुरा मान जायेगी,

और जब मैंने कार्ड को खोल कर देखा तो उसपे उसकी बहन का नाम था,,,

मतलब शादी उसकी बहन की है,,

प्रिया - फिर मिलेंगे बहुत जल्द,,

मै हसने लगा और अपने घर को निकल गया,शायद सफर को अभी खत्म नहीं होना था,,

सफर,सफर ,सफर

आमुख

लेखक के बारे मे॥

जी मेरा नाम सचिन प्रभाकर है,वो जो आप पढे वो बस एक कहानी का किरदार था,जो कहानी खत्म होने के बाद किरदार खत्म हो जाया करते है,तो शायद वो जय प्रकाश झा अब खत्म हो गया,,

मै सचिन प्रभाकर जो की मुंबई मे रेहता हु,,

वेसे तो मै ऐक्टर हु,पर किरदार बनना उसे जिंदा करना मुझे अच्छा लगता है,,

अगर कहानी आप लोगों को अच्छी लगी है,या फिर कुछ इस किताब के बारे मे मुझे कुछ बताना चाहते है,तो मुझे ईमेल कर सकते है यार फिर डायरेक्ट इंस्टा ग्राम पे मैसेज कर सकते है

| sachinprabhakar962@gmail| com

sachin_prabhakar9

ये मेरी पेहली किताब है,और मैंने कोशिश की सबे सरल हिन्दी मे लिखने की,ताकि आप जब भी इसे पढ़ो तो लगे की ये कहानी मेरी है ,,

वेसे आप सभी का दिल से धन्यबाद ऐसे ही हमारी मुलाकाते होते रहेगी,नाये नाये किताबों के जरिये ,,,,,,,,